LETTRE

AU

TZAR ALEXANDRE III

CONSERVATEUR DE LA PAIX EN OCCIDENT

PAR LE

Docteur G. AUDIFFRENT

L'un des exécuteurs testamentaires d'Auguste COMTE.

PARIS

PAUL RITTI, LIBRAIRE

76, AVENUE DU MAINE, 76

—

1893

PRÉFACE

Le Positivisme avait devoir d'éclairer un puissant souverain sur la situation occidentale et de le féliciter sur la noble attitude qu'il a prise pour le maintien de la paix, dont il s'est constitué le défenseur. Par le fait de la déplorable politique qu'a suivie la dictature impériale, que notre malheureux pays a eu à subir pendant tant d'années, l'Europe tout entière se trouve aujourd'hui engagée dans une grave déviation, aussi pleine de dangers pour le présent que pour l'avenir. La prépondérance militaire qu'a prise l'Allemagne, après nos désastres, a compromis l'équilibre européen et ajourné la solution des grands problèmes auxquels se rattachent tant d'importantes questions.

La noble attitude du tzar Alexandre III, en assurant la conservation de la paix, a dû faire réfléchir, il faut du moins l'espérer, les rois qu'aveugle un insociable orgueil.

L'Alliance, que des nécessités défensives consacrent aujourd'hui, s'impose en quelque sorte, malgré la diversité des régimes qui s'y trouvent rapprochés. Il suffit pour s'en convaincre de songer aux conséquences qu'aurait pour l'empire moscovite lui-même une nouvelle défaite de la France.

Si le Prince de Bismarck avait voulu en 1870 annexer le Danemarck à l'empire allemand, on se demande, qui aurait pu s'y opposer. En permettant la guerre de 70, il est certain qu'une grande faute fut commise par la Russie. Lorsque, quelques années après notre défaite, le grand agitateur voulut nous écraser définitivement, avant notre relèvement, le tzar Alexandre, mieux ravisé, ne consultant que les intérêts de son pays, arrêta par sa seule opposition tout nouvel élan belliqueux. Quoique ce ne soit que des intérêts communs qui rapprochent les deux gouvernements, nous ne devons pas moins féliciter le noble tzar, qui, par sa fermeté et une meilleure intelligence de la situation, préserve aujourd'hui l'Europe de nouvelles calamités.

Puisse le manifeste que nous livrons à l'impression, à la demande d'un grand nombre de nos coréligionnaires, montrer à tous qu'il est des lois sociales qu'on ne saurait impunément méconnaître. En politique, comme en toutes choses, la réaction suit bientôt l'action. Egarée dans une politique sans issue, l'Allemagne constitue pour l'Europe entière un danger permanent. Il importait donc, avant que d'inévitables réactions intérieures l'aient ramenée au rôle qui lui convient dans le concert occidental, qu'elle fût contenue dans ses subversives aspirations. Remercions en attendant, de sa noble attitude, le grand souverain qui a préservé et préserve encore l'Occident d'un déchirement dont on ne saurait calculer les conséquences et dont son vaste empire pourrait subir aussi le fatal contre coup.

A SA MAJESTÉ

LE

TZAR ALEXANDRE III

CONSERVATEUR DE LA PAIX EN OCCIDENT.

Sire,

Le plus grand des philosophes modernes, s'inspirant des besoins d'une situation dont la gravité ne peut être méconnue de personne, a cru devoir, il y a plus de trente ans, adresser à votre illustre aïeul, le Tzar Nicolas, un manifeste assez étendu, où il s'efforçait d'appeler son attention sur les évènements qui se succèdent, avec un danger croissant, depuis la fin du siècle dernier, et dont la complexité déjoue les prévisions de tous les hommes d'Etat occidentaux. Le philosophe qui a montré les lois qui président à la marche de l'esprit humain et qui a ainsi complété notre vaste hiérarchie scientifique, se trouvait naturellement appelé à conseiller les gouvernements et les peuples. Si le discrédit dont sont généralement frappés en Occident les pouvoirs publics, ont souvent obligé le grand novateur à s'adresser plus spécialement aux gouvernés qu'aux gouvernants, sa conduite devait être toute autre à l'égard des chefs de l'Orient, qui peuvent agir directement sur le cours des évènements et diriger ainsi l'opinion, Ce fut dans cet esprit que fut écrit, Sire, le manifeste adressé à votre illustre aïeul. Il serait sans doute facile d'en avoir la minute dans vos archives, et peut-être même est-il tombé sous les yeux de votre Majesté. Qu'elle me permette néanmoins de lui offrir le volume où ce manifeste a été imprimé. C'est le tome III d'une grande œuvre : *La Politique positive ;* il est entièrement consacré à la philosophie de l'histoire.

Dans le milieu le plus anarchique de l'Occident, lorsque les plus respectables traditions sont méconnues ou même conspuées, le grand philosophe osait proclamer que s'il n'est point de société sans gouvernement, il ne saurait exister de gouvernement sans religion, c'est-à-dire sans un lien destiné à régler chaque individualité et à la rallier à l'ensemble du passé et de l'avenir. L'épuisement de toutes les doctrines qui ont servi jusqu'ici à diriger et à rapprocher les hommes devait pousser l'incomparable penseur à s'ériger lui-même en novateur religieux, au même titre que ses deux grands prédécesseurs dans la même voie, que Saint Paul et Mahomet. Si les règles de conduite les plus respectables, instituées d'après une patiente, quoique empirique, étude de la nature humaine, se sont trouvées, dans la marche de notre évolution, progressivement infirmées, il faut chercher la cause de leur discrédit actuel dans l'insuffisance même de leur consécration. C'est ainsi que s'est produit le fatal divorce qui sépare de nos jours le cœur de l'esprit, ainsi que ne l'accusent que trop les progrès de nos mœurs révolutionnaires. Pouvait-il en être autrement lorsqu'à la suite de la vaste élaboration scientifique qui remplit les cinq derniers siècles, la réalité nous apparut dans ses immuables lois.

L'esprit humain, en rejetant de nos jours les dogmes à l'aide desquels un passé respectable dans ses efforts expliquait le monde et l'homme, devait infailliblement porter le trouble dans toutes les consciences et l'indécision chez tous les gouvernants restés eux-mêmes sans consécration et privés du crédit que leur conféraient d'antiques traditions.

Tel est, Sire, l'état des sociétés occidentales depuis la fin du moyen-âge, disons mieux, depuis que la science moderne a infirmé tous les anciens dogmes.

Le grand philosophe nous fait remarquer que si la transition du Polythéisme grec au Monothéisme chrétien fut déterminée par des motifs essentiellement sociaux, la transition actuelle vers un nouvel état de choses est au contraire commandée par des convenances purement mentales. L'avènement du Monothéisme n'exigeait, en effet, qu'une concentration des dogmes théologiques, tandis que le régime de l'avenir réclame au contraire une modification profonde de l'entendement humain pour substituer la relativité scientifique à l'absolutisme théologique. C'est donc à l'esprit à instituer désormais le meilleur mode synthétique que comporte notre état mental ; c'est à lui à mettre fin au divorce qu'il provoqua entre nos pensées et nos sentiments que soutenait seule l'antique foi.

La découverte des lois sociales, en nous révélant notre intime dépendance à l'égard de nos prédécesseurs, nous permet désormais, vu la reconnaissance qu'elle développe envers eux, de concilier nos besoins de croire et d'aimer. L'Humanité, se révélant enfin, nous apparaît désormais comme l'objet de la commune adoration et la source de tout savoir. Le passé, qui contient toujours en germe les grandes institutions de l'avenir, n'eut-il pas dans sa dernière conception comme un pressentiment de cet état final, lorsqu'il substitua en quelque sorte chez les méridionaux la Vierge des croisés au médiateur divin. Suivant l'expression de notre grand historien national qui fut aussi un grand poète : Dieu changea de sexe.

Sire, ces diverses considérations, qui ont été l'objet principal du Manifeste adressé à votre auguste aïeul, étaient nécessaires pour montrer la nature du mal auquel l'Occident tout entier est aujourd'hui en proie, et aussi pour instituer la médication qui lui convient. Le grand philosophe qualifiait ce mal séculaire, un état d'aliénation chronique souvent compliqué de crises fort aiguës. Telle est, en effet, la maladie dont l'Europe occidentale est de nos jours atteinte. Que votre Majesté me permette maintenant de descendre de ces hauteurs abstraites dans les choses d'une actualité immédiate.

On ne peut douter, lorsque s'effondra la monarchie de Juillet, que le régime qui prévalut alors, ne méconnût les conditions de toute stabilité gouvernementale. Si la libre discussion s'imposait pour préparer et faire accepter des principes nouveaux, l'ordre ne se trouva pas moins gravement compromis par le débordement des sophismes révolutionnaires qui se firent bientôt jour. Le grand philosophe signalait à sa manière le danger ; si le gouvernement français, disait-il, doit être républicain, la République doit être dictatoriale ; mais, ajoutait-il, elle doit consacrer son avènement par une pleine séparation entre le spirituel et le temporel, ce qui dans sa pensée devait entraîner la suppression du triple budget ecclésiastique, universitaire et académique. A cette seule condition on pouvait en effet concilier l'ordre et le progrès. Après un intermède parlementaire qui ne put répondre à aucune des exigences de la nouvelle situation républicaine, la dictature prévalut sans rien de fortuit, conformément aux prévisions du grand novateur. Tout la réclamait sans doute, mais fut-elle à la hauteur de sa mission.

D'une autre part, les évènements qui survinrent en Juin 1848, après la proclamation de la République, avaient montré aux moins clairvoyants que la situation cessait d'être politique et devenait essentiellement sociale. Le caractère de la dictature se trouvait donc nettement indiqué. Elle méconnut cependant dès le début sa destination et le couronnement qui survint peu de temps après son avènement ne laissa bientôt aucun doute sur sa nature. Elle fut militaire et rétrograde. Elle constitua donc une regrettable déviation dans la voie des révolutions, déviation dont la France et l'Occident allaient bientôt subir les fatales conséquences.

Lorsque fut acclamé le dictateur impérial, l'Europe entière venait de jouir de plus de trente ans de paix. Les mœurs pacifiques avaient partout prévalu et l'on pouvait croire à l'extinction de la guerre. La transformation des armées permanentes en gendarmeries nationales pouvait partout s'effectuer ; c'est ce que réclamait le maintien de l'ordre matériel. Cette transformation fut conseillée alors par le grand penseur, en cette occasion non moins homme d'Etat que grand philosophe.

Par sa constitution, en opposition avec les tendances de toute une époque, le nouveau gouvernement se trouvait forcément amené à détourner l'attention publique des grandes questions alors pendantes, sociales et religieuses, et à les étouffer même. Il fut ainsi condamné à chercher au dehors une occupation à l'esprit public. Telle est la fatalité qui pèse sur tout gouvernement qui méconnait la marche des évènements. Un grand historien anglais, l'illustre Hume, nous fait remarquer que pour se soustraire aux ennuis que leur créait la turbulence de leurs hauts barons, les monarques anglais n'avaient souvent d'autre ressource que de les jeter sur le continent.

Le réveil de l'esprit militaire en Europe, qu'on le reconnaisse, fut l'œuvre de l'empire français. L'acclamation populaire qui porta au pouvoir le successeur d'un héros rétrograde se laissa égarer en cette occasion par les souvenirs d'une défaite nationale qui permirent aux discoureurs anarchiques de personnifier la Révolution en celui qui l'avait égarée et qui avait promené partout le deuil.

Les leçons du passé montreront-elles enfin aux monarques de l'Europe que la République française est désormais une garantie de paix. S'ils reportent leurs regards en arrière, ils verront que c'est leur inopportune et coupable intervention dans nos affaires intérieures qui obligea la France à la fin du siècle dernier à s'armer pour défendre son intégrité contre la coalition des rois.

Après une retentissante campagne en Italie, après nos folies mexicaines, tout homme clairvoyant aurait pu s'apercevoir déjà que le colosse impérial avait des pieds d'argile. La déviation où se trouvait engagé notre malheureux pays semblait encourager toutes celles de la vieille Europe.

Un homme survint qui comprit qu'on aurait facilement raison de cet empire sans base. D'ailleurs ne fut-il pas aidé dans la réalisation de ses projets par les littérateurs français qui avaient eux-mêmes inconsciemment préparé ses succès.

En supprimant au siècle dernier les corporations savantes, la Convention nationale obéissait instinctivement aux secrètes exigences d'un nouvel état social. Entourée de ruines, elle comprit qu'il fallait mettre fin aux travaux de détail et encourager les vues d'ensemble pour aider à l'avènement des dogmes de l'avenir. Elle inaugura ainsi à sa manière le régime de la liberté spirituelle. Qu'il me soit permis en passant de faire remarquer que c'est en dehors du monde savant, en hostilité même avec tous ses représentants, que vint au jour le Positivisme, que fut inaugurée la religion de l'Humanité. En relevant le règne académique, le premier Consul donnait une consécration et des encouragements au règne des spécialités dispersives et retardait ainsi la solution des grandes questions posées par les siècles antérieurs.

Plus éloignée que nous du but final, l'Allemagne, privée de la sorte de la salutaire tutelle qu'avait exercée sur elle le dix-huitième siècle sous la pression de l'esprit français, se perdait dans les subtilités d'une métaphysique énervante. Noyée en de stériles abstractions, elle se couvrait d'universités où le travail de la pensée était dépecé.

Incapable de s'élever à des conceptions d'ensemble, les littérateurs français, oubliant le grand siècle, allèrent chercher au delà du Rhin, dans les élucubrations germaniques, une sorte de consécration à leurs rêveries. C'est ainsi que s'établit en France le règne de la philosophie allemande si opposée à nos véritables tendances. Fort du crédit qu'il avait si facilement acquis, l'orgueil germanique ne tarda pas à proclamer la déchéance des races latines et à viser à la suprématie intellectuelle. La France était conquise intellectuellement par l'Allemagne quand le Prince de Bismark y jeta ses armées.

Qui pouvait en ces conditions s'opposer à la réalisation des projets du chancelier prussien ? Qui ignore aujourd'hui que depuis longtemps la Prusse se préparait à la guerre, tandis que la désorganisation était partout parmi nous. Elle possédait un formidable armement, une puissante organisation militaire, une noblesse famélique qui ne rêvait que batailles. Les armées impériales n'existaient que sur lé papier et nos arsenaux étaient vides. L'Autriche pouvait-elle contenir l'ambition de sa rivale séculaire ? L'occupation italienne, la grande faute, où elle s'acharna pendant cinquante ans, la privait d'une notable partie de ses forces, et la France qui aurait pu en d'autres temps contenir l'élan belliqueux du Nord, par une politique insensée, semblait prendre à tâche de la livrer à son ennemi. La défaite de Sadowa préparait l'effondrement de Sedan. Pas un homme en France dans les sphères gouvernementales pour prévoir la catastrophe finale. La Prusse était libre de dicter des lois à l'Europe. On put la croire modérée après la défaite, si l'on songe à tout ce qu'elle pouvait faire impunément. Je cherche vainement l'Europe, s'écriait après la défaite de la France, le seul homme d'Etat qui sentait les dangers de la nouvelle situation pour son pays d'adoption, et pour les destinées humaines. L'Europe n'existait plus en effet.

La France, quoique désarmée, s'était levée pour arrêter l'envahisseur. La trahison paralysa tous ses efforts. Il fallut subir la loi du vainqueur. La paix ne s'imposait-elle pas cependant après la défaite des armées impériales ? Le roi Guillaume, en entrant en campagne, n'avait-il pas dit hautement qu'il ne combattait que le gouvernement impérial ? S'il lui eût fallu des garanties, n'en trouvait-il pas dans la neutralisation de l'Alsace de plus sérieuses que celles qu'il chercha dans l'annexion d'un pays qui n'a avec l'Allemagne de commun que la langue ? Pourquoi souiller la victoire par l'hypocrisie ? Il fallait à la gloire du roi Guillaume la reddition de Paris ! Il fallait que son insociable chancelier tînt sous son talon la grande cité.

O rois conjurés, avez-vous oublié que Paris fut dans le passé la métropole de l'Occident ! Sachez bien qu'il l'est encore dans le présent, que Berlin ne l'a pas remplacé. C'est la France, c'est l'Europe, c'est la Terre, a dit de Paris le grand penseur dans son enthousiasme philosophique. C'est de lui qu'est sortie naguère la formule de l'avenir. La postérité pardonnera-t-elle au roi Guillaume un acte dont son prédécesseur le Grand Frédéric aurait eu horreur ? Lui pardonnera-t-elle, lorsque la malheureuse cité se débattait dans les angoisses de la faim, lorsque dans quelques jours elle allait se rendre à discrétion, de la profaner par un inutile bombardement ? A qui incombe la responsabilité d'un pareil acte ? A celui qui n'avait qu'un mot à dire pour l'empêcher, au roi Guillaume qui, en cette occasion, n'a su arrêter les haines d'une soldatesque affolée.

Le Prince de Bismark a cru à la déchéance de la France, il a voulu fonder un empire militaire. Quelque habileté qu'il faille lui accorder, peut-on lui concéder la haute capacité politique qui consiste à prévoir l'avenir. Avant lui, Bonaparte a fait le même rêve. Qu'est-il resté de son œuvre ? Louis XIV, Charles Quint, rêvèrent aussi la monarchie universelle ; ils n'ont fait qu'entasser ruines sur ruines. A la fin du XIXe siècle une pareille tentative devenait criminelle.

A quelles conditions, en effet, un empire militaire peut-il se maintenir, si ce n'est par la guerre !

Cette triple alliance qui s'est constituée sur nos frontières, qui croira qu'elle ait pour but le maintien de la paix ? La paix, c'est la désagrégation du nouvel empire, c'est le retour de l'Italie à la forme fédérale sous une dictature nationale. D'une autre part, c'est la séparation de ces différentes nationalités que la maison de Habsbourg tient à peine sous son sceptre. Les monarques coalisés ne peuvent donc être sincères dans leurs affirmations pacifiques.

En se plaçant à ce point de vue, comment n'être pas sévère pour celui qui engagea l'Occident dans une voie qui ne peut aboutir qu'à la ruine. Plus que Charles Quint, plus que Louis XIV, que Bonaparte lui-même, le Prince de Bismark a méconnu les grandes traditions du passé. Faut-il admirer son habileté, quand chaque année il a fait naître quelque nouvelle complication, de nature à laisser croire à l'imminence de la guerre? S'il a cru, avant de tomber du pouvoir, à l'impossibilité de réaliser son rêve, il n'a pas moins jeté l'Europe entière en de cruelles préoccupations. Combien de temps dureront-elles encore, faut-il toujours se demander? Lorsqu'une notable partie des capitaux humains passent en d'inutiles armements, lorsque la misère envahit les populations ouvrières, réduites souvent à aller au dehors chercher leurs moyens d'existence, le philosophe n'a-t-il pas devoir de donner un avertissement aux rois de la Terre, de leur montrer l'abîme qu'ils creusent sous leurs pas, et, d'une autre part, de leur présenter les solutions qu'une science supérieure pouvait seule leur révéler. Les évènements humains, disions-nous, se sont de nos jours élevés à une telle complexité qu'un homme d'Etat, fût-il de la capacité d'un des plus grands, ferait certainement fausse route aujourd'hui sans les lumières d'une science supérieure qu'ils ignorent encore. Cette science, c'est à ceux qui aspirent à nous gouverner à s'en inspirer.

Il faut considérer le passé, a dit le grand philosophe
dont je ne suis, Sire, qu'un faible écho, comme ayant
préparé les forces humaines que le présent doit enfin
combiner en vue de l'avenir. De cette longue préparation
est sorti le dogme de l'Humanité. Une telle doctrine ne
deviendra pleinement efficace pour la direction des hommes
et des choses, que lorsqu'un nouveau sacerdoce aura
surgi. Au sacerdoce directeur et à la doctrine dirigeante, il
faut pour constituer l'opinion une masse qui les accepte.
C'est cette masse qu'il faut préparer et éclairer. Ce fut ainsi
que s'exerça l'action de la papauté au moyen âge. On peut
dire que la plupart des conflits qui, depuis sa déchéance,
ont divisé les occidentaux auraient été évités si un nouveau
pouvoir spirituel avait pu surgir à temps. C'est à ce pouvoir qu'il faudrait de nos jours demander la pacification de
l'Occident, s'il pouvait se faire accepter des gouvernants et
des gouvernés. Quoiqu'il n'existe pour ainsi dire qu'à l'état
rudimentaire chez les quelques rares disciples qui ont
accepté la mission de propager une grande doctrine, ils
n'ont pas moins devoir de la porter respectueusement à la
connaissance de ceux qui se trouvent investis de la direction des humains, qu'elle soit spirituelle ou temporelle.
C'est en s'en inspirant qu'ils peuvent dire aux rois de l'Occident, à ces derniers représentants d'un passé qui n'a pas
été sans quelque gloire pour leurs prédécesseurs, que tous
les grands États qui se sont formés depuis la fin du
quinzième siècle, se démembreront naturellement un jour,
sans excepter celui où l'unité politique et territoriale s'est
le plus solidement constituée. La France ne se soustraira
pas plus que les autres éléments de l'ancienne famille
chrétienne à la grande loi qui régit les peuples et les

individus : l'indépendance temporelle dans le concours spirituel.

Quand la doctrine de l'avenir aura partout prévalu, Paris, qui depuis l'incomparable Charlemagne, le continuateur des grands empereurs romains, a présidé aux destinées de l'Occident, Paris en deviendra la métropole spirituelle. Sa présidence acceptée de tous ne saura alors éveiller aucune rivalité. Sa population n'est-elle par déjà composée de presque autant d'étrangers que de Français ?

Pour le philosophe placé à ce point de vue, ce qui s'est fait violemment, par la séparation d'une province de l'unité française, se serait opéré pacifiquement dans le cours naturel des évènements. Vainement l'empire allemand voudrait retenir dans son hégémonie un pays qui, malgré la communauté de langage, a toujours eu une existence distincte de la sienne, des mœurs différentes et d'autres aspirations, en un mot tout ce qui peut constituer une véritable nationalité. Les nécessités défensives ont pu seules excuser la France de n'avoir pas respecté son indépendance. Quoiqu'on parle français en Belgique, y est-on pour cela français ? L'Angleterre s'est-elle jamais assimilé l'Irlande. Malgré toutes les sympathies que nous trouvons en Corse, quoiqu'on y parle italien, la Corse n'est au fond ni française ni italienne.

La neutralisation de l'Alsace, tel est le grand acte qui doit préparer la pacification de l'Occident. Une pareille solution a déjà trouvé de nombreux échos dans les états annexés à l'empire allemand. La noblesse prussienne est seule à la repousser. Nous osons affirmer qu'en France où les idées de revanche perdent chaque jour de leur intensité, elle serait généralement acceptée. C'est à la doctrine régénératrice, venant étouffer les rivalités nationales, à la recommander à la sollicitude des peuples et des rois. C'est en vue de maintenir la paix, ose-t-on nous dire, que s'est constituée la triple alliance des souverains !

Lorsque l'Occident tout entier souffre dans ses plus respectables intérêts de ces formidables armements sans exemple dans le passé, lorsque, comme aux siècles des grandes invasions, tout ce qui peut tenir une arme peut être inopinément requis pour la guerre, quand la famille humaine a par cela même perdu toute stabilité, quand l'émigration prouve chaque jour que les mœurs militaires sont partout éteintes, qui peut nous faire croire à la sincérité de ceux qui prétendent de la sorte travailler à la pacification du monde. Des intérêts dynastiques peuvent seuls condamner les rois à méconnaître des souffrances si patiemment endurées. Mieux inspirés, les monarques autrichien et italien, par une sage pression sur l'empereur germanique, l'amèneraient bientôt à réaliser ce que l'Europe entière est pleinement autorisée à attendre de leur sagesse.

L'Autriche a-t-elle oublié qu'elle s'est épuisée dans l'occupation italienne, qu'une fausse politique l'a forcée à descendre au second rang quand elle pouvait se maintenir au premier. L'Italie ne peut avoir perdu la mémoire des souffrances auxquelles furent condamnés pendant plus d'un demi-siècle ses plus belles provinces. Les cachots de Spielberg les lui rappelleraient à la rigueur ; mais les rois de l'Occident paraissent ne plus savoir leur métier. C'est en Italie surtout que les conseils de la religion de l'Humanité devraient être le mieux écoutés. Elle a renoncé à sa forme fédérale, qu'elle se hâte d'y revenir. Par l'ensemble de ses antécédents elle est appelée à offrir à l'Occident le meilleur type gouvernemental qui puisse lui convenir. Vainement cherche-t-elle aujourd'hui à opérer une fusion d'intérêts et d'aspirations entre ses divers éléments si violemment rapprochés. La fusion politique qu'on essaie d'y opérer, avant un siècle, aura cessé d'exister, même chez les nations les plus homogènes. Mieux renseignée sur l'avenir qu'elle ne semble l'être en ce moment, qu'elle cherche les véritables motifs de ses divisions antérieurs chez son grand poète, qualifiant à sa manière la politique de Constantin. Elle sacrifia sa nationalité à l'insigne honneur de donner un siège à la papauté : « *Per ceder al pastor si fece greco* ».

Le pontife romain se résignera-t-il à rester au Vatican l'hôte, je n'ose dire le prisonnier d'un prince presque étranger à l'Italie. Bien des questions en apparence insolubles aujourd'hui se résoudraient à la grande satisfaction de tous, si le monarque italien se décidait à échanger un vain titre contre celui de fondateur de la fédération italienne. Une dette de reconnaissance ne lie-t-elle pas l'Italie au pontife romain.

Lorsque la papauté, ouvrant enfin les yeux sur ce qui se passe autour d'elle, aura réduit son action à un office purement spirituel, rien ne lui sera plus facile que de vivre honorée et respectée dans une municipalité romaine. Les belles cérémonies catholiques, les pompes de l'Eglise ne pourront de longtemps être remplacées. Pour l'édification de la postérité, il importe qu'elles soient libres dans leurs manifestations et entourées d'une pieuse vénération. C'est l'héritage du passé, au même titre que les trésors du Vatican, que la nouvelle municipalité romaine devra entourer d'une vigilante protection.

Sire, je me suis efforcé de montrer dans ce que je viens d'avoir l'honneur de vous exposer les conséquences politiques de la grave déviation où se trouve entraînée depuis plus de vingt ans l'Europe occidentale, et les dangers qu'elle présente pour l'avenir. En se plaçant à un point de vue social et moral on en constate de plus grands encore. Une organisation militaire qui ramène les populations à l'état primitif ne peut de nos jours, avons-nous dit, que troubler et compromettre l'économie domestique par les craintes qu'elle entretient dans tous les esprits.

Plusieurs millions d'hommes détournés d'un travail productif, d'immenses capitaux soustraits à leur destination, sont, à n'en pas douter, des causes permanentes de misère, et les émigrations, dont le nombre grossit chaque jour, n'accusent que trop le malaise général qui règne parmi nous, sans qu'on puisse prévoir aucune amélioration à un tel état de choses. Mais il est un mal plus grand que la misère, qu'il faut rattacher aux mêmes causes, c'est le trouble profond qu'il entretient dans tous les esprits. Nous vivons, a-t-on dit, en des temps de transition. Toute transition présente naturellement des dangers et constitue en elle-même un état anormal, une sorte de constitution maladive ouvrant les portes à tous les maux, à des désordres de tout genre. Un gouvernement soucieux de l'avenir de ses gouvernés n'a-t-il pas devoir de chercher à nous ramener à un état plus stable. Nous avons signalé l'épuisement de toutes les vieilles croyances comme la cause principale du désordre des esprits. Ce désordre doit s'aggraver davantage, vu les complications sans nombre que fait naître la plus redoutable des déviations dont l'Europe ait eu à souffrir depuis longtemps. Si les gouvernants ne voient point remède au mal, peuvent-ils empêcher les populations qui en souffrent d'en chercher un. L'esprit de sophisme s'est emparé de toutes nos populations ouvrières. Il n'est point de solution, quelque insensée qu'elle soit, qui ne trouve crédit auprès d'elles. Quand nos prétendues classes dirigeantes méconnaissent la solidarité humaine, la misère et ses terribles conséquences à défaut de tout autre enseignement, sont là pour la faire sentir à un prolétariat famélique. Quelque anarchique que soit la façon dont le sentiment de cette solidarité se fait jour, ce n'est pas moins à son triomphe que ce prolétariat si éprouvé rattache, et cela non sans raison, la cessation de ses maux et la réalisation de ses espérances. La bourgeoisie européenne n'a vu qu'une menace pour elle dans la grande manifestation qui, à un jour donné de l'année, réunit les masses laborieuses sur toute la surface de l'Occident, dans une action commune. Quoique le but en soit fort mal défini, elle n'indique pas moins que les producteurs, qui sont aussi des consommateurs, ne se résignent pas à ajourner indéfiniment les solutions des questions auxquelles ils rattachent justement les améliorations à apporter à leurs conditions d'existence.

Quand les préoccupations de la défense nationale absorbent tous les esprits et nous obligent à ajourner, à repousser même les solutions à toutes les questions depuis si longtemps posées et d'un intérêt en quelque sorte vital, ceux qui sont investis de la haute fonction de pourvoir au lendemain comprendront-ils enfin qu'ils ont autre chose à faire qu'à trouver de nouveaux engins de destruction. Notre activité spéculative ne peut-elle recevoir une meilleure destination !

Malgré le temps d'arrêt qui nous semble ainsi imposé, la révolution, qu'on ne se le dissimule pas, ne suit pas moins son cours. Elle est encore plus dans les esprits que dans les choses. Elle ne peut être contenue, qu'on le sache bien, que par l'avènement d'une nouvelle foi. Bien qu'elle ait déjà rallié parmi nous la plupart des bons esprits, elle se trouve arrêtée ou contenue dans ses manifestations par les préoccupations qu'entretient, à leur grande honte, la politique, aussi anarchique que rétrograde, des souverains occidentaux. Toute faute entraîne à d'autres. Si les rois étaient plus clairvoyants, ne verraient-ils pas que, pour pourvoir aux lourdes charges qu'ils imposent aux popula- tions, dont ils sacrifient le bonheur, dont ils oublient ou méconnaissent les durs labeurs, ils les condamnent à subir la loi de ces hommes sans patrie, de ces durs financiers auxquels ils ont livré l'épargne du pauvre. Nos entrepre- neurs épuisés, qu'un travail régulier ne fait plus vivre, cherchent à leur suite en de honteuses spéculations des moyens d'existence que souvent ils ne peuvent se procurer qu'au prix de leur honneur. La plus haute, la plus im- portante des fonctions industrielles, la banque, est devenue une maison de jeu qu'alimentent le vol et le désespoir, ces précurseurs du suicide et de la folie.

Si la funeste politique que s'obstinent encore à suivre les rois sans prévision de nos temps troublés, n'a pu créer à elle seule ce douloureux état de choses, qui peut se refuser à reconnaître qu'elle ne l'entretienne, et ne l'ait même aggravé. Je ne sais, Sire, si votre esprit s'est arrêté sur les conséquences, tant sociales que morales, d'une situation qu'il y avait devoir de placer sous les yeux de votre Majesté ; mais son grand cœur a dû plus d'une fois gémir en voyant l'étendue du mal, surtout si elle le compare à l'exiguité des moyens que la providence humaine met à cette heure de détresse à notre disposition pour en arrêter les effets ou les atténuer.

Sire, le but si élevé que vous avez assigné à votre politique, on peut l'affirmer, vous assure déjà la reconnaissance de tous les gens bien pensants. Vous recueillerez dans le présent le fruit de vos nobles efforts. En imposant la paix par une sage attitude aux souverains coalisés, vous leur donnerez le temps de songer à ses bienfaits, plus qu'ils ne paraissent encore disposés à le faire et de reconnaître enfin qu'au bout de la voie dans laquelle ils se sont engagés il n'y a pour eux et pour leurs peuples que ruines et déceptions.

Les conseils du grand philosophe à votre illustre aïeul sont de tous les temps et comportent encore une application actuelle. Ils peuvent s'étendre à la politique de l'Orient, aussi bien qu'à celle de l'Occident. Ils peuvent même être mieux appréciés des chefs orientaux qu'ils ne l'ont été des rois de l'Occident plus préoccupés de questions dynastiques que ne le sont les hommes d'Etat de votre vaste empire. Quoique votre Majesté doive s'abstenir de toute intervention directe dans les choses qui nous concernent, la solidarité qui existe de nos jours dans les affaires terrestres ne l'investit pas moins d'une haute mission.

Elle lui est conférée par le fait même de la déviation de l'instinct militaire auquel nous assistons. Si les rois continuent à méconnaître leurs devoirs à l'égard de tous et à menacer la paix du monde, qui ne peut vous être reconnaissant de les soumettre à une salutaire tutelle.

Ont-ils songé aux conséquences d'un démembrement de

la France qu'ils ont toujours rêvé depuis la fin du siècle dernier, ainsi que l'a reconnu si dignement le grand penseur auquel la Russie accorda une généreuse hospitalité pendant la tourmente révolutionnaire. Ont-ils vu qu'un tel démembrement serait suivi d'une effroyable anarchie qui s'étendrait bientôt à l'ensemble de l'Occident. L'avènement de la foi régénératrice serait naturellement retardé et si les rois parvenaient alors à se maintenir, ils règneraient sur un fumier. Votre vaste empire, qui a eu déjà tant à souffrir de l'importation des sophismes occidentaux, pourrait-il en être toujours préservé ? En raison de leur priorité sur des populations, nécessairement moins avancées dans la voie de la civilisation, les populations occidentales et surtout notre malheureuse France n'ont pu échapper à cet excès d'anarchie qui les caractérise de nos jours, aussi leur évolution n'a pu s'opérer que d'une façon empirique, toujours grosse de dangers. Les peuples de l'Orient compenseront facilement leur retard si leurs gouvernements savent s'inspirer à temps de la grande doctrine qui leur ouvre aujourd'hui les voies de l'avenir. Ils devront, suivant les indications du grand philosophe, s'abstenir de toute servile imitation de ce qui se passe parmi nous. Le parlementarisme qu'une funeste importation anglaise semble avoir consacré en France n'est certainement pas à recommander aux hommes d'Etat de l'Orient. Même parmi nous, il doit faire place à un régime plus conforme à nos véritables antécédents. Tout nous autorise à dire que dès qu'un homme d'Etat surgira parmi nous, une dictature républicaine se substituera à la cohue des discoureurs qui ont tant d'intérêt à maintenir des institutions autant anarchiques que rétrogrades.

La sagesse de vos prédécesseurs, Sire, a jusqu'ici préservé votre vaste empire d'une pareille contagion. Agissant d'une manière systématique, d'après les indications d'une doctrine supérieure, les nobles tzars pourront désormais procéder sans secousses à toutes les améliorations ou transformations que réclame l'avenir de leurs peuples. Votre haute sagesse a déjà rassuré l'Occident contre tout projet d'agrandissement. Poursuivant en quelque sorte l'œuvre des grands empereurs germaniques qui continuèrent celle de Charlemagne, c'est vers l'extrême orient qu'elle semble aujourd'hui concentrer tous ses efforts. Systématiquement dirigés, ils peuvent recevoir un but élevé, en préservant d'une inévitable dissolution, tant sociale que morale, des populations laissées sans direction depuis que les dernières invasions ont été définitivement contenues. Entreprises dans un pareil but, les annexions ainsi opérées, équivalent à de véritables incorporations. Elles ne peuvent que contraster avec les conquêtes et les colonisations britanniques. Poursuivies dans une pensée essentiellement mercantile, celles-ci, quand elles n'ont pu subalterniser et dégrader les populations conquises, ont procédé systématiquement à leur extinction.

En s'adressant à votre auguste aïeul, le grand philosophe, s'érigeant en défenseur de tous les intérêts humains, a cru devoir lui signaler ce qu'aurait de regrettable pour la paix du monde la continuation de la lutte poursuivie par ses prédécesseurs et par lui-même contre l'empire ottoman. Il ne dépend que de Votre Majesté de rassurer le monde occidental à cet égard.

La conquête romaine s'étendit à l'ensemble des peuples qui touchaient au bassin méditerranéen, elle fut conduite à rapprocher des civilisations d'origine et de nature bien différentes. Aussi peut-on dire qu'avant même l'invasion musulmane une scission radicale s'était déjà opérée entre les diverses populations soumises ou contenues par le peuple roi. Le triomphe de l'arianisme en Orient y pouvait déjà révéler une diversité d'origine et de mœurs. Pendant que la division des pouvoirs, spirituel et temporel, assurait à l'Occident une culture morale sans antécédents dans le passé, la confusion de ces deux pouvoirs plongeait l'empire grec en de stériles discussions aussi funestes à la moralité publique qu'à la stabilité gouvernementale. Jugée philosophiquement, l'occupation ottomane de Constantinople, fait remarquer le grand philosophe, préservait l'Occident des sophismes grecs et l'Orient d'une entière dissolution morale. Le triomphe de l'Islamisme eut pour résultat de réunir dans une même foi, à tous égards plus simple que celle des occidentaux, les populations qui, en raison de leurs antécédents théocratiques, n'avaient pu être qu'incomplètement incorporées à l'empire des Césars.

Après de mémorables conflits, les deux monothéismes, occidental et oriental, durent se neutraliser mutuellement. Les deux éléments du vieux monde romain ne sauraient cependant rester étrangers l'un à l'autre. Ils ne peuvent être désormais rapprochés que dans la foi de l'Humanité. Aussi, l'occupation de Constantinople par une puissance étrangère ne pourrait que retarder la fusion des divers éléments que Rome voulut vainement rapprocher. Le démembrement de l'empire des Osmanlis ne doit pas être poussé plus loin qu'il ne l'est de nos jours. L'existence des divers états qui ont cessé d'en faire partie, doit être respectée par leurs puissants voisins.

Toute tentative d'incorporation ne pourrait qu'y retarder l'avènement des mœurs de la paix et y constituer pour l'Europe une cause incessante de trouble et de conflits.

Que votre Majesté daigne jeter les yeux sur la belle lettre qu'écrivait le grand philosophe au grand vizir de l'empire Ottoman pour l'éclairer sur la politique qui lui semblait devoir être suivie désormais par les hommes d'Etat Osmanlis. Elle fait suite, dans le volume que j'ai l'honneur de lui adresser, à la mémorable épitre destinée à son aïeul. A l'égard de toutes les populations attardées dans leur développement, le sacerdoce de l'Humanité pourra un jour instituer de véritables missions qui auront toujours pour but de substituer aux anciennes croyances une foi basée sur une meilleure connaissance de l'ordre réel, tant physique que moral.

L'alliance que des nécessités défensives ont provoquée entre le peuple central et vos vastes états peut désormais être considérée, Sire, comme définitive. C'est en vain que l'orgueil germanique a proclamé par ses universités la déchéance de la France. La grande nation, d'où est sortie naguère la doctrine de l'avenir, n'a point abdiqué la mission que lui assigne l'ensemble de ses destinées. L'avènement prochain d'une dictature progressive, en mettant fin au régime des discoureurs, lui permettra de reprendre la présidence du mouvement philosophique qu'elle n'a cessé d'exercer depuis la fondation de la république occidentale au neuvième siècle.

Lorsque l'Occident sera définitivement rentré dans la voie pacifique, d'où une fausse politique l'a passagèrement détourné, le démembrement progressif des grands Etats occidentaux rendra à la métropole humaine son grand caractère social, plus apparent pendant toute la durée du moyen-âge qu'il ne l'a été dans le cours des cinq siècles d'anarchie spirituelle qui succédèrent à un régime dont les incomparables résultats ne sont pas encore suffisamment connus.

Vos successeurs, Sire, réglant leur politique conformément aux enseignements d'une philosophie supérieure, s'inspireront de la noble attitude de la métropole humaine, présidant à la décomposition des grands états occidentaux. Ils pourront procéder systématiquement à celle de leur vaste empire. A l'hérédité théocratique que ne peut plus consacrer un dogme épuisé, ils feront succéder l'hérédité sociocratique en se réservant le choix de leurs successeurs.

Tels sont les conseils que le grand philosophe, dans sa mémorable épitre, s'est permis de donner à votre auguste aïeul. Lorsque Votre Majesté se sera pénétrée de la marche de l'évolution humaine, d'après les indications de la doctrine qui vient aujourd'hui diriger la conduite des rois, elle ne tardera pas à se convaincre que le rapprochement qui s'est effectué de nos jours entre le grand empire de l'Orient et le peuple central n'a rien qui ne soit en situation, et l'on peut même dire qui ne soit légitime. La légitimité de tous les actes de la vie a de tout temps consisté dans leur subordination à l'ensemble de leurs antécédents, tant publics que privés. La forme dictatoriale que tout semble réclamer de plus en plus parmi nous, permettra de légitimer aux yeux des rois, comme auprès des peuples, une alliance que commande désormais la marche de la civilisation.

Lorsque la nation centrale se sera purgée de l'anarchie parlementaire, une sage pression exercée en commun sur les princes qui méconnaissent encore leurs véritables antécédents, essentiellement, catholiques suffira pour les détourner de la regrettable coalition à laquelle ils se sont laissés entrainer par la partie la moins avancée de l'Occident. Un semblable résultat, que la sagesse de Votre Majesté pourra hâter, assurera la paix du monde et la marche progressive de l'Europe vers sa constitution finale.

Quand l'Europe, justement coalisée, renversa le héros rétrograde qui n'y avait semé que ruines et dévastations, un noble tzar, qui fut le premier de votre nom, sut dignement la rappeler à ce qu'elle devait à cette ville de Paris qu'il fit respecter et dont il ne méconnut jamais la mission séculaire. Ce noble rôle, votre majesté le reprend aujourd'hui. Elle s'assure ainsi un grand nom dans l'histoire.

L'humble disciple d'un grand maitre qui vient ainsi de s'adresser à elle, n'a écouté que son zèle en lui écrivant. Qu'Elle veuille excuser les libertés de langage auxquelles il a pu se laisser entrainer. La direction spirituelle restant vacante en Occident, c'est aux propagateurs de la foi de l'Humanité à l'exercer ; ils trouvent leur investiture, en nos jours de détresse, dans les devoirs que leur impose l'ensemble de nos destinées.

Veuillez agréer, Sire, avec mon plus profond respect, l'expression de la sincère reconnaissance d'un humble serviteur de tous.

Docteur G. AUDIFFRENT

L'un des exécuteurs testamentaires d'Auguste COMTE.

Marseille, 89, rue Breteuil.

P.-S. — La morale positive nous prescrivant de toujours vivre au grand jour, à l'exemple de mon vénéré maitre, je ne puis me dispenser, Sire, de livrer à la publicité la présente lettre. On y verra, j'espère, un respectueux hommage rendu à Votre Majesté.

Sauveterre-de-Guyenne. — Imp HENRI LARRIEU.